Todos los libros de Linkgua Ediciones cuentan con modelos de Inteligencia Artificial entrenados por hispanistas. Pregúntale al chat de tu libro lo que desees acerca de la obra o su autor/a.

Para ebooks: Accede a nuestro modelo de IA a través de un enlace.

Para libros impresos: Escanea el código QR de la portada con tu dispositivo móvil.

Obtén análisis detallados de nuestros libros, resúmenes, respuestas a tus preguntas y accede a nuestras ediciones críticas generativas para una experiencia de lectura más enriquecedora.
La transparencia y el respeto hacia la autoría de las fuentes utilizadas son distintivos básicos de nuestro proyecto. Por ello, las respuestas ofrecen, mediante un sistema de citas, las fuentes con las que han sido elaboradas.

Félix Lope de Vega

Poemas

Barcelona 2025
Linkgua-ediciones.com

Créditos

Título original: Poemas de Lope de Vega.

e-mail: info@linkgua.com

Diseño cubierta: Michel Mallard

ISBN rústica ilustrada: 978-84-9897-308-2.
ISBN tapa dura: 978-84-1126-051-0.
ISBN ebook: 978-84-9897-743-1.

Sumario

Brevísima presentación

La vida

Félix Lope de Vega y Carpio (Madrid, 1562-Madrid, 1635). España.

Nació en una familia modesta, estudió con los jesuitas y no terminó la universidad en Alcalá de Henares, parece que por asuntos amorosos. Tras su ruptura con Elena Osorio (Filis en sus poemas), su gran amor de juventud, Lope escribió libelos contra la familia de ésta. Por ello fue procesado y desterrado en 1588, año en que se casó con Isabel de Urbina (Belisa).

Pasó los dos primeros años en Valencia, y luego en Alba de Tormes, al servicio del duque de Alba. En 1594, tras fallecer su esposa y su hija, fue perdonado y volvió a Madrid. Allí tuvo una relación amorosa con una actriz, Micaela Luján (Camila Lucinda) con la que tuvo mucha descendencia, hecho que no impidió su segundo matrimonio, con Juana Guardo, del que nacieron dos hijos.

Entonces era uno de los autores más populares y aclamados de la Corte. En 1605 entró al servicio del duque de Sessa como secretario, aunque también actuó como intermediario amoroso de éste. La desgracia marcó sus últimos años: Marta de Nevares una de sus últimas amantes quedó ciega en 1625, perdió la razón y murió en 1632. También murió su hijo Lope Félix. La soledad, el sufrimiento, la enfermedad, o los problemas económicos no le impidieron escribir.

Más conocido como dramaturgo que como poeta, Lope de Vega escribió una poesía ardiente, vital y en cierto modo desenfadada.

Sonetos

Soneto

—Boscán, tarde llegamos. ¿Hay posada?
—Llamad desde la posta, Garcilaso.
—¿Quién es? —Dos caballeros del Parnaso.
—No hay donde nocturnar palestra armada.

—No entiendo lo que dice la criada.
Madona, ¿qué decís? —Que afecten paso,
que obstenta limbos el mentido ocaso
y el Sol depinge la porción rosada.

—¿Estás en ti, mujer? —Negóse al tino
el ambulante huésped. —¡Que en tan poco
tiempo tal lengua entre cristianos haya!

Boscán, perdido habemos el camino;
preguntad por Castilla, que estoy loco
o no habemos salido de Vizcaya.

A Helena

Árdese Troya y sube el humo oscuro
al enemigo cielo y, entretanto,
alegre Juno mira el fuego y llanto:
¡venganza de mujer, castigo duro!

El vulgo, aún en los templos mal seguro,
huye cubierto de amarillo espanto;
corre cuajada sangre el turbio Janto
y viene a tierra el levantado muro.

Crece el incendio propio el fuego extraño,
las empinadas máquinas cayendo,
de que se ven ruinas y pedazos.

Y la dura ocasión de tanto daño
mientras vencido Paris muere ardiendo
del griego vencedor duerme en los brazos.

Soneto

Conjúrote, demonio culterano,
cuando en mis manos, Rey eterno, os miro
cuelga sangriento de la cama al suelo
de hoy más las crespas sienes de olorosa

era la alegre víspera del día
esta cabeza, cuando viva, tuvo
muérome por llamar Juanilla a Juana,
pastor que con tus silbos amorosos

pasé la mar cuando creyó mi engaño
que otras veces amé negar no puedo
¿qué tengo yo, que mi amistad procuras?

¡Quítenme aquesta puente que me mata,
tiraba rosas el Amor un día
un soneto me manda hacer Violante.

De La niña de plata

Un soneto me manda hacer Violante,
que en mi vida me he visto en tal aprieto;
catorce versos dicen que es soneto:
burla burlando van los tres delante.

Yo pensé que no hallara consonante
y estoy a la mitad de otro cuarteto;
mas si me veo en el primer terceto
no hay cosa en los cuartetos que me espante.

Por el primer terceto voy entrando
y parece que entré con pie derecho,
pues fin con este verso le voy dando.

Ya estoy en el segundo, y aún sospecho
que voy los trece versos acabando;
contad si son catorce, y está hecho.

Laméntase Manzanares de tener tan gran puente

¡Quítenme aquesta puente que me mata,
señores regidores de la Villa!
Miren que me ha quebrado una costilla,
que aunque me viene grande me maltrata.

De bola en bola tanto se dilata,
que no la alcanza a ver mi verde orilla;
mejor es que la lleven a Sevilla
si cabe en el camino de la plata.

Pereciendo de sed en el estío,
es falsa la causal y el argumento
de que en las tempestades tengo brío.

Pues yo con la mitad estoy contento,
tráiganle sus mercedes otro río
que le sirva de huésped de aposento.

Conjura un culto

Conjúrote, demonio culterano,
que salgas deste mozo miserable
que apenas sabe hablar, ¡caso notable!,
y ya presume de Anfïón tebano.

Por la lira de Apolo soberano
te conjuro, cultero inexorable,
que le des libertad para que hable
en su nativo idioma castellano.

¿Por qué me torques bárbara tan mente?
¿Qué cultiborra y brindalín tabaco
caractiquizan toda intonsa frente?

Habla cristiano, perro. —Soy polaco.
—Tenedle, que se va. —No me ates, tente,
suéltame. —Aquí de Apolo. —Aquí de Baco.

Por qué la boca de Juana es rosa

Tiraba rosas el Amor un día
desde una peña a un líquido arroyuelo,
que de un espino trasladó a su velo
en la sazón que Abril las producía.

Las rosas mansamente conducía
de risco en risco el agua al verde suelo
cuando Juana llegó y al puro hielo
puso los labios de la fuente fría.

Las rosas, entre perlas y cristales,
pegáronse a los labios, tan hermosas,
que afrentaban claveles y corales.

¡Oh pinturas del cielo milagrosas!
¿Quién vio jamás transformaciones tales:
beber cristales y volverse rosas?

Desea afratelarse, y no le admiten

Muérome por llamar Juanilla a Juana,
que son de tierno amor afectos vivos,
y la cruel, con ojos fugitivos,
hace papel de yegua galiciana.

Pues, Juana, agora que eres flor temprana
admite los requiebros primitivos;
porque no vienen bien diminutivos
después que una persona se avellana.

Para advertir tu condición extraña,
más de alguna Juanaza de la villa
del engaño en que estás te desengaña.

Créeme, Juana, y llámate Juanilla;
mira que la mejor parte de España,
pudiendo Casta, se llamó Castilla.

Temores en el favor

Cuando en mis manos, Rey eterno, os miro
y la cándida víctima levanto,
de mi atrevida indignidad me espanto
y la piedad de vuestro pecho admiro.

Tal vez el alma con temor retiro,
tal vez la doy al amoroso llanto,
que arrepentido de ofenderos tanto
con ansias temo y con dolor suspiro.

Volved los ojos a mirarme humanos,
que por las sendas de mi error siniestras
me despeñaron pensamientos vanos;

no sean tantas las miserias nuestras
que a quien os tuvo en sus indignas manos
Vos le dejéis de las divinas vuestras.

A Cristo crucificado

Pastor que con tus silbos amorosos
me despertaste del profundo sueño;
Tú, que hiciste cayado de ese leño
en que tiendes los brazos poderosos,

vuelve los ojos a mi fe piadosos,
pues te confieso por mi amor y dueño
y la palabra de seguirte empeño
tus dulces silbos y tus pies hermosos.

Oye, pastor, pues por amores mueres,
no te espante el rigor de mis pecados,
pues tan amigo de rendidos eres.

Espera, pues, y escucha mis cuidados;
¿pero cómo te digo que me esperes,
si estás, para esperar, los pies clavados?

Soneto

¿Qué tengo yo, que mi amistad procuras?
¿Qué interés se te sigue, Jesús mío,
que a mi puerta cubierto de rocío
pasas las noches del invierno oscuras?

¡Oh cuánto fueron mis entrañas duras
pues no te abría! ¡Qué extraño desvarío
si de mi ingratitud el hielo frío
secó las llagas de tus plantas puras!

¡Cuántas veces el Ángel me decía:
«Alma, asómate agora a la ventana,
verás con cuánto amor llamar porfía!»

¡Y cuántas, hermosura soberana,
«Mañana le abriremos», respondía,
para lo mismo responder mañana!

A una calavera de mujer

Esta cabeza, cuando viva, tuvo
sobre la arquitectura destos huesos
carne y cabellos, por quien fueron presos
los ojos que, mirándola, detuvo.

Aquí la rosa de la boca estuvo,
marchita ya con tan helados besos;
aquí los ojos de esmeralda impresos,
color que tantas almas entretuvo.

Aquí la estimativa que tenía
el principio de todo movimiento,
aquí de las potencias la armonía.

¡Oh hermosura mortal, cometa al viento!
Donde tan alta presunción vivía,
desprecian los gusanos aposento.

A Lucinda

Era la alegre víspera del día
que la que sin igual nació en la tierra
de la cárcel mortal y humana guerra
para la patria celestial salía;

y era la edad en que más viva ardía
la nueva sangre que mi pecho encierra
—cuando el consejo y la razón destierra
la vanidad que el apetito guía—

cuando Amor me enseñó la vez primera
de Lucinda en su Sol los ojos bellos
y me abrasó como si rayo fuera.

Dulce prisión y dulce arder por ellos;
sin duda que su fuego fue mi esfera,
que con verme morir descanso en ellos.

A Lucinda en el Manzanares

De hoy más las crespas sienes de olorosa
verbena y mirto coronarte puedes,
juncoso Manzanares, pues excedes
del Tajo la corriente caudalosa.

Lucinda en ti bañó su planta hermosa;
bien es que su dorado nombre heredes
y que con perlas por arenas quedes
mereciendo besar su nieve y rosa.

Y yo envidiar pudiera tu fortuna,
mas he llorado en ti lágrimas tantas,
¡tú, buen testigo de mi amargo lloro!

que mezclada en tus aguas pudo alguna
de Lucinda tocar las tiernas plantas
y convertirse en tus arenas de oro.

Soneto

Que otras veces amé, negar no puedo,
pero entonces Amor tomó conmigo
la espada negra, como diestro amigo
señalando los golpes en el miedo.

Mas esta vez que batallando quedo,
blanca la espada y cierto el enemigo,
no os espantéis que llore su castigo,
pues al pasado amor amando excedo.

Cuando con armas falsas esgrimía,
de las heridas truje en el vestido
—sin tocarme en el pecho— las señales;

mas en el alma ya, Lucinda mía,
donde mortales en dolor han sido
y en el remedio heridas inmortales.

A Lupercio Leonardo

Pasé la mar cuando creyó mi engaño
que en él mi antiguo fuego se templara;
mudé mi natural porque mudara
naturaleza el uso, y curso el daño.

En otro cielo, en otro reino extraño,
mis trabajos se vieron en mi cara,
hallando, aunque otra edad tanta pasara,
incierto el bien y cierto el desengaño:

el mismo amor me abrasa y atormenta
y de razón y libertad me priva.
¿Por qué os quejáis del alma que le cuenta?

¿Que no escriba, decís, o que no viva?
Haced vos con mi amor que yo no sienta
que yo haré con mi pluma que no escriba.

A Judit

Cuelga sangriento de la cama al suelo
el hombro diestro del feroz tirano
que opuesto al muro de Betulia en vano
despidió contra sí rayos al cielo.

Revuelto con el ansia el rojo velo
del pabellón a la siniestra mano,
descubre el espectáculo inhumano
del tronco horrible convertido en hielo.

Vertido Baco, el fuerte arnés afea
los vasos y la mesa derribada,
duermen las guardas que tan mal emplea

y sobre la muralla coronada
del pueblo de Israel, la casta hebrea
con la cabeza resplandece armada.

Soneto

Ir y quedarse, y con quedar partirse
partir sin alma, e ir con alma ajena
oír la dulce voz de una sirena,
y no poder del árbol desasirse;

arder como la vela y consumirse
haciendo torres sobre tierna arena;
caer del cielo, y ser demonio en pena,
y de serlo jamás arrepentirse;

hablar entre las mudas soledades,
pedir prestada, sobre fe, paciencia,
y lo que es temporal llamar eterno;

creer sospechas y negar verdades,
es lo que llaman en el mundo ausencia,
fuego en el alma y en la vida infierno.

Varios efectos del amor

Desmayarse, atreverse, estar furioso,
áspero, tierno, liberal, esquivo,
alentado, mortal, difunto, vivo,
leal, traidor, cobarde y animoso,

no hallar, fuera del bien, centro y reposo;
mostrarse alegre, triste, humilde, altivo,
enojado, valiente, fugitivo,
satisfecho, ofendido, receloso.

Huir el rostro al claro desengaño,
beber veneno por licor suave,
olvidar el provecho, amar el daño;

creer que un cielo en un infierno cabe,
dar la vida y el alma a un desengaño:
esto es amor. Quien lo probó lo sabe.

Dura necesidad

Dura necesidad, madre afrentosa
de la vergüenza y vil atrevimiento,
oscuridad del claro entendimiento
tal vez en los peligros ingeniosa;

inventora de máquinas famosa,
pensión del generoso nacimiento,
consejera del mal, Argos del viento
y a la mortal naturaleza odiosa;

vil salteador que a los caminos sales,
los peregrinos matas o detienes
y para derribar el honor vales;

solo una cosa provechosa tienes;
que al hombre que jamás probó los males
es imposible conocer los bienes.

Soneto

Es la mujer del hombre lo más bueno,
y locura decir que lo más malo;
su vida suele ser y su regalo,
su muerte suele ser y su veneno.

Cielo a los ojos, cándido y sereno,
que muchas veces al infierno igualo;
por bueno, al Mundo, su valor señalo;
por malo, al hombre, su rigor condeno.

Ella nos da su sangre, ella nos cría;
no ha hecho el Cielo cosa más ingrata;
es un ángel y a veces una harpía.

Quiere, aborrece, trata bien, maltrata,
y es la mujer, en fin, como sangría,
que a veces da salud y a veces mata.

Soneto

¡Oh, engaño de los hombres, vida breve,
loca ambición al aire vago asida!,
pues el que más se acerca a la partida,
más confiado de quedar se atreve.

¡Oh, flor al hielo!, ¡oh, rama al viento leve
lejos del tronco!, si en llamarte vida
tú misma estás diciendo que eres ida,
¿qué vanidad tu pensamiento mueve?

Dos partes tu mortal sujeto encierra:
una que se derriba al bajo suelo,
y otra que de la tierra te destierra;

tú juzga de las dos el mejor celo:
si el cuerpo quiere ser tierra en la Tierra,
el alma quiere ser cielo en el Cielo.

Soneto

El humo que formó cuerpo fingido
que cuando está más denso para en nada;
el viento que pasó con fuerza airada
y que no pudo ser en red cogido;

el polvo en la región desvanecido
de la primera nube dilatada;
la sombra que, la forma al cuerpo hurtada,
dejó de ser, habiéndose partido,

son las palabras de mujer; si viene
cualquiera novedad, tanto le asombra,
que ni lealtad, ni amor, ni fe mantiene;

mudanza ya, que no mujer, se nombra;
pues cuando más segura, quien la tiene,
tiene polvo, humo, nada, viento y sombra.

Soneto

¡Tanto mañana y nunca ser mañana!
Amor se ha vuelto cuervo, o se me antoja;
¿en qué región del Sol su carro aloja,
desta imposible aurora tramontana?

Sígueme inútil la esperanza vana,
como nave zorrera o mula coja,
porque no me tratara Barbarroja
de la manera que me tratas, Juana.

Juntos amor y yo buscando vamos
este mañana: ¡oh, dulces desvaríos!,
siempre mañana y nunca mañanamos;

pues si vencer no puedo tus desvíos,
sáquente cuervos destos verdes ramos
los ojos... Pero no, que son los míos.

Soneto

¿Qué ceguedad me trujo a tantos daños?
¿Por dónde me llevaron desvaríos,
que no traté mis años como míos,
y traté como propios sus engaños?

¡Oh, puerto de mis blancos desengaños,
por donde ya mis juveniles bríos
pasaron como el curso de los ríos,
que no los vuelve atrás el de los años!

Hicieron fin mis locos pensamientos:
acomodose el tiempo a la edad mía,
por ventura en ajenos escarmientos;

que no temer el fin no es valentía,
donde acaban los gustos en tormentos
y el curso de los años en un día.

A la noche

Noche, fabricadora de embelecos,
loca, imaginativa, quimerista,
que muestras al que en ti su bien conquista
los montes llanos y los mares secos;

habitadora de celebros huecos,
mecánica, filósofa, alquimista,
encubridora mil, lince sin vista,
espantadiza de tus mismos ecos:

la sombra, el miedo, el mal se te atribuya,
solícita, poeta, enferma, fría,
manos del bravo y pies del fugitivo.

Que vele o duerma, media vida es tuya:
si velo, te lo pago con el día,
y si duermo, no siento lo ue vivo.

Soneto

¡Oh, qué secreto, damas, oh, galanes,
qué secreto de amor! ¡Oh! ¡Qué secreto!
¡Qué ilustre idea! ¡Qué sutil conceto!
Por Dios que es hoja de me fecit Ioannes!

Hoy cesan los melindres y ademanes,
todo interés, todo celoso efeto;
de hoy más Amor será firme y perfeto,
sin ver jardines, ni escalar desvanes.

No es esto filosófica fatiga,
transmutación sutil o alquimia vana,
sino esencia real, que al tacto obliga.

Va de secreto, pero cosa es llana,
que quiere el buen letor que se le diga:
pues váyase con Dios hasta mañana.

El manso

Querido manso mío, que viniste
por sal mil veces junto aquella roca
y en mi grosera mano vuestra boca
y vuestra lengua de clavel pusiste

¿por qué montañas ásperas subiste
que tal selvatiquez el alma os toca?;
¿qué furia os hizo condición tan loca
que la memoria y la razón perdiste?

Paced la anacardina porque os vuelva
de ese cruel y interesable sueño
y no bebáis del agua del olvido.

Aquí está vuestra vega, monte y selva;
yo soy vuestro pastor y vos mi dueño,
vos mi ganado y yo vuestro perdido.

Servir a buenos

¡Oh lágrimas de amor, dulce violencia!
¡Oh llanto poderoso, oh fuerte encanto!
¡Oh sirena fingida, a cuyo canto
calla el rigor y duerme la prudencia!

Contigo no hay valor, poder ni ciencia,
que puede tanto un amoroso llanto,
que el cielo, con poder y saber tanto
no tiene para el llanto resistencia.

Pues siendo de mujer, celos y enojos
ni aún agravios sabrán mover el labio,
sino darle mil almas por despojos.

No se fie el más cuerdo, honrado y sabio,
porque si espera ver llorar sus ojos,
perdonará después cualquier agravio.

Porfiar hasta morir

¡Oh confusión de mi amoroso engaño!
¡Esto faltaba solo a mi tormento!
¿En qué puede ofender mi pensamiento
la hermosa causa de mi eterno daño?

¡Oh ley cruel! ¡Oh injusto desengaño!
¿Que aún no quiere que sienta el mal que
siento?
¿Qué honor puede quitar mi entendimiento,
con cuyos versos mi esperanza engaño?

Mandarme que no quiera es la violencia
mayor que puedo hacer a mi sentido,
y en presencia del bien sufrir ausencia;

que estando, como estoy, de amor perdido,
aumentará el amor la resistencia;
que para largo amor no hay breve olvido.

Soneto

Versos de amor, conceptos esparcidos,
engendrados del alma en mis cuidados,
partos de mis sentidos abrasados,
con más dolor que libertad nacidos;

expósitos al mundo, en que, perdidos,
tan rotos anduvistes y trocados,
que solo donde fuistes engendrados
fuérades por la sangre conocidos;

pues que le hurtáis el laberinto a Creta,
a Dédalo los altos pensamientos,
la furia al mar, las llamas al abismo,

si aquel áspid hermoso no os aceta,
dejad la tierra, entretened los vientos,
descansaréis en vuestro centro mismo.

Soneto

Muere la vida, y vivo yo sin vida,
ofendiendo la vida de mi muerte,
sangre divina de las venas vierte,
y mi diamante su dureza olvida.

Está la majestad de Dios tendida
en una dura cruz, y yo de suerte
que soy de sus dolores el más fuerte,
y de su cuerpo la mayor herida.

¡Oh duro corazón de mármol frío!,
¿tiene tu Dios abierto el lado izquierdo,
y no te vuelves un copioso río?

Morir por él será divino acuerdo,
mas eres tú mi vida, Cristo mío,
y como no la tengo, no la pierdo.

Soneto

No sabe qué es amor quien no te ama,
celestial hermosura, esposo bello,
tu cabeza es de oro, y tu cabello
como el cogollo que la palma enrama.

Tu boca como lirio, que derrama
licor al alba; de marfil tu cuello;
tu mano el torno y en su palma el sello
que el alma por disfraz jacintos llama.

¡Ay Dios!, ¿en qué pensé cuando, dejando
tanta belleza y las mortales viendo,
perdí lo que pudiera estar gozando?

Mas si del tiempo que perdí me ofendo,
tal prisa me daré, que un hora amando
venza los años que pasé fingiendo.

Soneto

Quiero escribir, y el llanto no me deja,
pruebo a llorar, y no descanso tanto,
vuelvo a tomar la pluma, y vuelve el llanto,
todo me impide el bien, todo me aqueja.

Si el llanto dura, el alma se me queja,
si el escribir, mis ojos, y si en tanto
por muerte o por consuelo me levanto,
de entrambos la esperanza se me aleja.

Ve blanco al fin, papel, y a quien penetra
el centro deste pecho que enciende
le di —si en tanto bien pudieres verte—,

que haga de mis lágrimas la letra,
pues ya que no lo siente, bien entiende,
que cuanto escribo y lloro, todo es muerte.

Soneto

Entro en mí mismo para verme, y dentro
hallo, ¡ay de mí!, con la razón postrada,
una loca república alterada,
tanto que apenas los umbrales entro.

Al apetito sensitivo encuentro,
de quien la voluntad mal respetada
se queja al cielo, y de su fuerza armada
conduce el alma al verdadero centro.

La virtud, como el arte, hallarse suele
cerca de lo difícil, y así pienso
que el cuerpo en el castigo se desvele.

Muera el ardor del apetito intenso,
porque la voluntad al centro vuele,
capaz potencia de su bien inmenso.

A una rosa

¡Con qué artificio tan divino sales
de esa camisa de esmeralda fina,
oh rosa celestial alejandrina,
coronada de granos orientales!

Ya en rubíes te enciendes, ya en corales,
ya tu color a púrpura se inclina
sentada en esa basa peregrina
que forman cinco puntas desiguales.

Bien haya tu divino autor, pues mueves
a su contemplación el pensamiento,
a aún a pensar en nuestros años breves.

Así la verde edad se esparce al viento,
y así las esperanzas son aleves
que tienen en la tierra el fundamento...

Soneto

Amor con tan honesto pensamiento
arde en mi pecho, y con tan dulce pena,
que haciendo grave honor de la condena,
para cantar me sirve de instrumento.

No al fuego, al celestial atento,
en alabanza de Amarilis suena
con esta voz, que el curso al agua enfrena,
mueve la selva y enamora el viento.

La luz primera del primero día,
luego que el Sol nació, toda la encierra,
círculo ardiente de su lumbre pura,

y así también, cuando tu Sol nacía,
todas las hermosuras de la tierra
remitieron su luz a tu hermosura.

Fuerza de lágrimas

Con ánimo de hablarle en confianza
de su piedad entré en el templo un día,
donde Cristo en la cruz resplandecía
con el perdón de quien le mira alcanza.

Y aunque la fe, el amor y la esperanza
a la lengua pusieron osadía,
acordéme que fue por culpa mía
y quisiera de mí tomar venganza.

Ya me volvía sin decirle nada
y como vi la llaga del costado,
paróse el alma en lágrimas bañada.

Hablé, lloré y entré por aquel lado,
porque no tiene Dios puerta cerrada
al corazón contrito y humillado.

Soneto

Pasos de mi primera edad que fuistes
por el camino fácil de la muerte,
hasta llegarme al tránsito más fuerte
que por la senda de mi error pudistes;

¿qué basilisco entre las flores vistes
que de su engaño a la razón advierte?
Volved atrás, porque el temor concierte
las breves horas de mis años tristes.

¡Oh pasos esparcidos vanamente!
¿qué furia os incitó, que habéis seguido
la senda vil de la ignorante gente?

Mas ya que es hecho, que volváis os pido,
que quien de lo perdido se arrepiente
aún no puede decir que lo ha perdido.

Sentimientos de ausencia, a imitación de Garcilaso

Señora mía, si de vos ausente
en esta vida duro y no me muero,
es porque como y duermo, y nada espero,
ni pleiteante soy ni pretendiente.

Esto se entiende en tanto que accidente
no siento de la falta del dinero,
que entonces se me acuerda lo que os quiero,
y estoy perjudicial y impertinente.

Sin ver las armas ni surcar los mares,
mis pensamientos a las musas fío;
sus liras son mis cajas militares.

Rico en invierno y pobre en el estío,
parezco en mi fortuna a Manzanares,
que con agua o sin ella siempre es río.

Soneto

Ya no quiera más bien que solo amaros,
ni más vida, Lucinda, que ofreceros
la que me dais, cuando merezco veros,
ni ver más luz que vuestros ojos claros.

Para vivir me basta desearos,
para ser venturoso, conoceros,
para admirar el mundo, engrandeceros,
y para ser Eróstrato, abrasaros,

La pluma y lengua, respondiendo a coros,
quieren al cielo espléndido subiros,
donde están los espíritus más puros;

que entre tales riquezas y tesoros,
mis lágrimas, mis versos, mis suspiros,
de olvido y tiempo vivirán seguros.

Soneto

Yo me muero de amor, que no sabía,
aunque diestro en amar cosas del suelo,
que no pensaba yo que amor del cielo
con tal rigor las almas encendía.

Si llama la moral filosofía
deseo de hermosura a amor, recelo
que con mayores ansias me desvelo
cuanto es más alta la belleza mía.

Amé en la tierra vil, ¡qué necio amante!
¡Oh luz del alma, habiendo de buscaros,
qué tiempo que perdí como ignorante!

Mas yo os prometo agora de pagaros
con mil siglos de amor cualquiera instante
que por amarme a mí dejé de amaros.

Soneto

Yo pagaré con lágrimas la risa
que tuve en la verdura de mis años,
pues con tan declarados desengaños
el tiempo, Elisio, de mi error me avisa.

«Hasta la muerte» en la corteza lisa
de un olmo, a quien dio el Tajo eternos baños,
escribí un tiempo, amando los engaños
que mi temor con pies de nieve pisa.

Mas, ¿qué fuera de mí, si me pidiera
esta cédula Dios, y la cobrara,
y el olmo entonces el testigo fuera?

Pero yo con el llanto de mi cara
haré crecer el Tajo de manera
que solo quede mi vergüenza clara.

Soneto

Si culpa el concebir, nacer tormento,
guerra vivir, la muerte fin humano;
si después de hombre, tierra y vil gusano,
y después de gusano, polvo y viento;

si viento nada, y nada el fundamento,
flor la hermosura, la ambición tirano,
la fama y gloria, pensamiento vano,
y vano en cuanto piensa el pensamiento,

¿quién anda en este mar para anegarse?
¿De qué sirve en quimeras consumirse,
ni pensar otra cosa que salvarse?

¿De qué sirve estimarse y preferirse,
buscar memoria habiendo de olvidarse,
y edificar habiendo de partirse?

Soneto

Cuando me paro a contemplar mi estado,
y a ver los pasos por donde he venido,
me espanto de que un hombre tan perdido
a conocer su error haya llegado.

Cuando miro los años que he pasado,
la divina razón puesta en olvido,
conozco que piedad del cielo ha sido
no haberme en tanto mal precipitado.

Entré por laberinto tan extraño,
fiando al débil hilo de la vida
el tarde conocido desengaño;

mas de tu luz mi oscuridad vencida,
el monstro muerto de mi ciego engaño,
vuelve a la patria, la razón perdida.

A la sepultura de Teodora de Urbina

Mi bien nacido de mis propios males,
retrato celestial de mi Belisa,
que en mudas voces y con dulce risa,
mi destierro y consuelo hiciste iguales;

Ciego, llorando, niña de mis ojos,
segunda vez de mis entrañas sales,
mas pues tu blanco pie los cielos pisa,
¿por qué el de un hombre en tierra tan aprisa

quebranta tus estrellas celestiales?
sobre esta piedra cantaré, que es mina
donde el que pasa al indio en propio suelo,

hallé más presto el oro en tus despojos,
las perlas, el coral, la plata fina;
mas, ¡ay!, que es ángel y llevólo al cielo.

Soneto

Yo dije siempre, y lo diré, y lo digo,
que es la amistad el bien mayor humano;
mas ¿qué español, qué griego, qué romano
nos ha de dar este perfeto amigo?

Alabo, reverencio, amo, bendigo
aquel a quien el cielo soberano
dio un amigo perfeto, y no es en vano;
que fue, confieso, liberal conmigo.

Tener un grande amigo y obligalle
es el último bien, y por querelle,
el alma, el bien y el mal comunicalle;

mas yo quiero vivir sin conocelle;
que no quiero la gloria de ganalle
por no tener el miedo de perdelle.

Dios, centro del alma

Si fuera de mi amor verdad el fuego,
él caminara a tu divina esfera;
pero es cometa que corrió ligera
con resplandor que se deshizo luego.

¡Qué deseoso de tus brazos llego
cuando el temor mis culpas considera!
mas si mi amor en ti no persevera,
¿en qué centro mortal tendrá sosiego?

Voy a buscarte, y cuanto más te encuentro,
menos reparo en ti, Cordero manso,
aunque me buscas tú del alma adentro.

Pero dime, Señor: si hallar descanso
no puede el alma fuera de su centro,
y estoy fuera de ti, ¿cómo descanso?

Soneto

Suelta mi manso, mayoral extraño,
pues otro tienes de tu igual decoro;
deja la prenda que en el alma adoro,
perdida por tu bien y por mi daño.

Ponle su esquila de labrado estaño
y no le engañen tus collares de oro;
toma en albricias este blanco toro
que a las primeras yerbas cumple un año.

Si pides señas, tiene el vellocino
pardo, encrespado, y los ojuelos tiene
como durmiendo en regalado sueño.

Si piensas que no soy su dueño, Alcino,
suelta y verásle si a mi choza viene,
que aún tienen sal las manos de su dueño.

Poemas más extensos

Maya

I

En las mañanicas
del mes de mayo
cantan los ruiseñores,
retumba el campo.
En las mañanicas,
como son frescas,
cubren ruiseñores
las alamedas.
Riense las fuentes
tirando perlas
a las florecillas
que están más cerca.
Vístense las plantas
de varias sedas,
que sacar colores
poco les cuesta.
Los campos alegran
tapetes varios,
cantan los ruiseñores
retumba el campo.

II

Sale el mayo hermoso
con los frescos vientos
que le ha dado marzo
de céfiros bellos.
Las lluvias de abril
flores le trujeron:
púsose guirnaldas,
en rojos cabellos.

Los que eran amantes
amaron de nuevo
y los que no amaban
a buscarlo fueron.
Y luego que vieron
mañanas de mayo,
cantan los ruiseñores,
retumba el campo.

Que se duerme mi niño

La Niña a quien dijo el Ángel
que estaba de gracia llena,
cuando de ser de Dios madre
le trujo tan altas nuevas,
ya le mira en un pesebre,
llorando lágrimas tiernas,
que obligándose a ser hombre,
también se obliga a sus penas.
¿Qué tenéis, dulce Jesús?,
le dice la Niña bella;
¿tan presto sentís mis ojos
el dolor de mi pobreza?
Yo no tengo otros palacios
en que recibiros pueda,
sino mis brazos y pechos,
que os regalan y sustentan.
No puedo más, amor mío,
porque si yo más pudiera,
vos sabéis que vuestros cielos
envidiaran mi riqueza.
El niño recién nacido
no mueve la pura lengua,
aunque es la sabiduría
de su eterno Padre inmensa.
Mas revelándole al alma
de la Virgen la respuesta,
cubrió de sueño en sus brazos
blandamente sus estrellas.
Ella entonces desatando

la voz regalada y tierna,
así tuvo a su armonía
la de los cielos suspensa.

Canción de la virgen

Pues andáis en las palmas,
Ángeles santos,
que se duerme mi niño,
tened los ramos.
Palmas de Belén
que mueven airados
los furiosos vientos
que suenan tanto.
No le hagáis ruido,
corred más paso,
que se duerme mi niño,
tened los ramos.
El niño divino,
que está cansado
de llorar en la tierra
por su descanso,
sosegar quiere un poco
del tierno llanto,
que se duerme mi niño,
tened los ramos.
Rigurosos yelos
le están cercando,
ya veis que no tengo
con qué guardarlo.
Ángeles divinos
que vais volando,
que se duerme mi niño,
tened los ramos.

Al ponerle en la cruz

En tanto que el hoyo cavan
a donde la cruz asienten,
en que el Cordero levanten
figurado por la sierpe,
aquella ropa inconsútil
que de Nazareth ausente
labró la hermosa María
después de su parto alegre,
de sus delicadas carnes
quitan con manos aleves
los camareros que tuvo
Cristo al tiempo de su muerte.
No bajan a desnudarle
los espíritus celestes,
sino soldados que luego
sobre su ropa echan suertes.
Quitáronle la corona,
y abriéronse tantas fuentes,
que todo el cuerpo divino
cubre la sangre que vierten.
Al despegarle la ropa
las heridas reverdecen,
pedazos de carne y sangre
salieron entre los pliegues.
Alma pegada en tus vicios,
si no puedes, o no quieres
despegarte tus costumbres,
piensa en esta ropa, y puede.
A la sangrienta cabeza

la dura corona vuelven,
que para mayor dolor
le coronaron dos veces.
Asió la soga un soldado,
tirando a Cristo, de suerte
que donde va por su gusto
quiere que por fuerza llegue.
Dio Cristo en la cruz de ojos,
arrojado de la gente,
que primero que la abrace,
quieren también que la bese.
¡Qué cama os está esperando,
mi Jesús, bien de mis bienes,
para que el cuerpo cansado
siquiera a morir se acueste!
¡Oh, qué almohada de rosas
las espinas os prometen!;
¡qué corredores dorados
los duros clavos crueles!
Dormid en ella, mi amor,
para que el hombre despierte,
aunque más dura se os haga
que en Belén entre la nieve.
Que en fin aquella tendría
abrigo de las paredes,
las tocas de vuestra Madre,
y el heno de aquellos bueyes.
¡Qué vergüenza le daría
al Cordero santo el verse,
siendo tan honesto y casto,
desnudo entre tanta gente!
¡Ay divina Madre suya!,

si agora llegáis a verle
en tan miserable estado,
¿quién ha de haber que os consuele?
Mirad, Reina de los cielos,
si el mismo Señor es éste,
cuyas carnes parecían
de azucenas y claveles.
Mas, ¡ay Madre de piedad!,
que sobre la cruz le tienden,
para tomar la medida
por donde los clavos entren.
¡Oh terrible desatino!,
medir al inmenso quieren,
pero bien cabrá en la cruz
el que cupo en el pesebre.
Ya Jesús está de espaldas,
y tantas penas padece,
que con ser la cruz tan dura,
ya por descanso la tiene.
Alma de pórfido y mármol,
mientras en tus vicios duermes,
dura cama tiene Cristo,
no te despierte la muerte.

Soliloquio I

Dulce Jesús de mi vida,
¡qué dije!, espera, no os vais:
que no es bien que vos seáis
de una vida tan perdida.
Pero si no sois de mí,
yo, mi Jesús, soy de vos,
porque quiero hallar en Dios
esto que sin Dios perdí.
Mas ya vuelvo a suplicaros
que de mi vida seáis:
que si vos no me la dais,
no tendré vida que daros.
Deseo daros mi vida,
y sin vos no es daros nada,
porque con vos va ganada,
cuanto sin vos va perdida.
Muérome de puro amor
por llamaros vida mía:
que la que sin vos perdía,
ya no la tengo, Señor.
Pues vuestra piedad me adiestra
como a oveja reducida,
quiero llamaros mi vida,
aunque he sido muerte vuestra.
Vida mía, en este día
me habréis de hacer un favor;
¡oh, qué bien me va, Señor,
con llamaros vida mía!
Luego que vida os llamé,

a pediros me atreví,
porque el regalo sentí
que en vuestro brazos hallé.
Y es que jamás permitáis
que otra vida sin vos tenga:
que no es bien que a vivir venga
vida donde vos no estáis.
¡Ay Jesús! ¿Cómo viví
solo un momento sin vos?
Porque si la vida es Dios,
¿qué vida quedaba en mí?
¡Qué cosas tuve por vida
tan miserables y tristes!
¿Es posible que pudistes
sufrir cosa tan perdida?
Pero sospecho, mi Dios,
que fue permitirlo así,
para que viesen en mí
qué sufrimiento hay en vos.
Pero no lo habéis perdido,
¡oh soberana piedad!,
pues conozco mi maldad
por lo que me habéis sufrido.
Porque sé de aquel vivir,
como si Dios no tuviera:
que quien menos que Dios fuera
no me pudiera sufrir.
¡Qué de veces os negué
por confesar mi locura
a la fingida hermosura,
donde no hay verdad ni fe!
Si la vuestra en la cruz viera,

¡ay Dios y cuánto os amara!
¡Qué de lágrimas llorara,
qué de amores os dijera!
No sé, mi bien, qué os tenéis,
que todo me enamoráis,
o es que, como abierto estáis,
mostráis lo que me queréis.
Amenazado de vos,
parece que no os temí,
y lleno de sangre sí;
decid, ¿qué es esto, mi Dios?
¡Oh qué divinos colores
os hace esa sangre fría!
¡Oh cómo estáis, vida mía,
para deciros amores!

Pastores de Belén

Las pajas del pesebre,
niño de Belén,
hoy son flores y rosas,
mañana serán hiel.

Lloráis entre las pajas
de frío que tenéis,
hermoso niño mío,
y de calor también.

Dormid, cordero santo;
mi vida, no lloréis,
que si os escucha el lobo,
vedrá por vos, mi bien.

Dormid entre las pajas,
que aunque frías las veis,
hoy son flores y rosas,
mañana serán hiel.
Las que para abrigaros
tan blandas hoy se ven
serán mañana espinas
en corona cruel.
Mas no quiero deciros,
aunque vos lo sabéis,
palabras de pesar
en días de placer.

Que aunque tan grandes deudas

en pajas las cobréis,
hoy son flores y rosas,
mañana serán hiel.

Dejad el tierno llanto,
divino Emanuel,
que perlas entre pajas
se pierden sin por qué.

No piense vuestra madre,
que ya Jerusalén
previene sus dolores,
y llore con Joseph.

Que aunque pajas no sean
corona para rey,
hoy son flores y rosas,
mañana serán hiel.

A mis soledades voy...

A mis soledades voy,
de mis soledades vengo,
porque para andar conmigo
me bastan mis pensamientos.

¡No sé qué tiene la aldea
donde vivo y donde muero,
que con venir de mí mismo
no puedo venir más lejos!

Ni estoy bien ni mal conmigo;
mas dice mi entendimiento
que un hombre que todo es alma
está cautivo en su cuerpo.

Entiendo lo que me basta,
y solamente no entiendo
cómo se sufre a sí mismo
un ignorante soberbio.

De cuantas cosas me cansan,
fácilmente me defiendo;
pero no puedo guardarme
de los peligros de un necio.

El dirá que yo lo soy,
pero con falso argumento,
que humildad y necedad
no caben en un sujeto.

La diferencia conozco,
porque en él y en mí contemplo,
su locura en su arrogancia,
mi humildad en su desprecio.

O sabe naturaleza
más que supo en otro tiempo,
o tantos que nacen sabios
es porque lo dicen ellos.

Solo sé que no sé nada,
dixo un filósofo, haciendo
la cuenta con su humildad,
adonde lo más es menos.
No me precio de entendido,
de desdichado me precio,
que los que no son dichosos,
¿cómo pueden ser discretos?

No puede durar el mundo,
porque dicen, y lo creo,
que suena a vidrio quebrado
y que ha de romperse presto.

Señales son del juicio
ver que todos le perdemos,
unos por carta de más
otros por cartas de menos.

Dijeron que antiguamente
se fue la verdad al cielo;

tal la pusieron los hombres
que desde entonces no ha vuelto.

En dos edades vivimos
los propios y los ajenos:
la de plata los extraños
y la de cobre los nuestros.

¿A quién no dará cuidado,
si es español verdadero,
ver los hombres a lo antiguo
y el valor a lo moderno?

Dixo Dios que comería
su pan el hombre primero
con el sudor de su cara
por quebrar su mandamiento,

y algunos inobedientes
a la vergüenza y al miedo,
con las prendas de su honor
han trocado los efectos.

Virtud y filosofía
peregrina como ciegos;
el uno se lleva al otro,
llorando van y pidiendo.
Dos polos tiene la tierra,
universal movimiento;
la mejor vida el favor,
la mejor sangre el dinero.

Oigo tañer las campanas,
y no me espanto, aunque puedo,
que en lugar de tantas cruces
haya tantos hombres muertos.

Mirando estoy los sepulcros
cuyos mármoles eternos
están diciendo sin lengua
que no lo fueron sus dueños.

¡Oh, bien haya quien los hizo,
porque solamente en ellos
de los poderosos grandes
se vengaron los pequeños!

Fea pintan a la envidia,
yo confieso que la tengo
de unos hombres que no saben
quién vive pared en medio.

Sin libros y sin papeles,
sin tratos, cuentas ni cuentos,
cuando quieren escribir
piden prestado el tintero.

Sin ser pobres ni ser ricos,
tienen chimenea y huerto;
no los despiertan cuidados,
ni pretensiones, ni pleitos.

Ni muemuraron del grande,
ni ofendieron al pequeño;

nunca, como yo, afirmaron
parabién, ni pascua dieron.

Con esta envidia que digo
y lo que paso en silencio,
a mis soledades voy,
de mis soledades vengo.

A Cristo en la cruz

¿Quién es aquel Caballero
herido por tantas partes,
que está de expirar tan cerca,
y no le socorre nadie?
«Jesús Nazareno» dice
aquel rótulo notable.
¡Ay Dios, que tan dulce nombre
no promete muerte infame!
Después del nombre y la patria,
Rey dice más adelante,
pues si es rey, ¿cuándo de espinas
han usado coronarse?
Dos cetros tiene en las manos,
mas nunca he visto que claven
a los reyes en los cetros
los vasallos desleales.
Unos dicen que si es Rey,
de la cruz descienda y baje;
y otros, que salvando a muchos,
a sí no puede salvarse.
De luto se cubre el cielo,
y el Sol de sangriento esmalte,
o padece Dios, o el mundo
se disuelve y se deshace.
Al pie de la cruz, María
está en dolor constante,
mirando al Sol que se pone
entre arreboles de sangre.
Con ella su amado primo

haciendo sus ojos mares,
Cristo los pone en los dos,
más tierno porque se parte.
¡Oh lo que sienten los tres!
Juan, como primo y amante,
como madre la de Dios,
y lo que Dios, Dios lo sabe.
Alma, mirad cómo Cristo,
para partirse a su Padre,
viendo que a su Madre deja,
le dice palabras tales:
Mujer, ves ahí a tu hijo
y a Juan: Ves ahí tu Madre.
Juan queda en lugar de Cristo,
¡ay Dios, qué favor tan grande!
Viendo, pues, Jesús que todo
ya comenzaba a acabarse,
Sed tengo, dijo, que tiene
sed de que el hombre se salve.
Corrió un hombre y puso luego
a sus labios celestiales
en una caña una esponja
llena de hiel y vinagre.
¿En la boca de Jesús
pones hiel?, hombre, ¿qué haces?
Mira que por ese cielo
de Dios las palabras salen.
Advierte que en ella puso
con sus pechos virginales
una ave su blanca leche
a cuya dulzura sabe.
Alma, sus labios divinos,

cuando vamos a rogarle,
¿cómo con vinagre y hiel
darán respuesta suave?
Llegad a la Virgen bella,
y decirle con el ángel:
«Ave, quitad su amargura,
pues que de gracia sois Ave.»
Sepa al vientre el fruto santo,
y a la dulce palma el dátil;
si tiene el alma a la puerta
no tengan hiel los umbrales.
Y si dais leche a Bernardo,
porque de madre os alabe,
mejor Jesús la merece,
pues Madre de Dios os hace.
Dulcísimo Cristo mío,
aunque esos labios se bañen
en hiel de mis graves culpas,
Dios sois, como Dios habladme.
Habladme, dulce Jesús,
antes que la lengua os falte,
no os desciendan de la cruz
sin hablarme y perdonarme.

Libros a la carta

A la carta es un servicio especializado para
empresas,
librerías,
bibliotecas,
editoriales
y centros de enseñanza;
y permite confeccionar libros que, por su formato y concepción, sirven a los propósitos más específicos de estas instituciones.

Las empresas nos encargan ediciones personalizadas para marketing editorial o para regalos institucionales. Y los interesados solicitan, a título personal, ediciones antiguas, o no disponibles en el mercado; y las acompañan con notas y comentarios críticos.

Las ediciones tienen como apoyo un libro de estilo con todo tipo de referencias sobre los criterios de tratamiento tipográfico aplicados a nuestros libros que puede ser consultado en Linkgua-ediciones.com.

Linkgua edita por encargo diferentes versiones de una misma obra con distintos tratamientos ortotipográficos (actualizaciones de carácter divulgativo de un clásico, o versiones estrictamente fieles a la edición original de referencia).

Este servicio de ediciones a la carta le permitirá, si usted se dedica a la enseñanza, tener una forma de hacer pública su interpretación de un texto y, sobre una versión digitalizada «base», usted podrá introducir interpretaciones del texto fuente. Es un tópico que los profesores denuncien en clase los desmanes de una edición, o vayan comentando errores de interpretación de un texto y esta es una solución útil a esa necesidad del mundo académico.

Asimismo publicamos de manera sistemática, en un mismo catálogo, tesis doctorales y actas de congresos académicos, que son distribuidas a través de nuestra Web.

El servicio de «libros a la carta» funciona de dos formas.

1. Tenemos un fondo de libros digitalizados que usted puede personalizar en tiradas de al menos cinco ejemplares. Estas personalizaciones pueden ser de todo tipo: añadir notas de clase para uso de un grupo de estudiantes, introducir logos corporativos para uso con fines de marketing empresarial, etc. etc.

2. Buscamos libros descatalogados de otras editoriales y los reeditamos en tiradas cortas a petición de un cliente.

Made in the USA
Monee, IL
19 October 2026

66035580R00090